LA
POLITIQUE PERTURBATRICE

A L'USAGE

DE M. DE CHATEAUBRIAND.

Quousque tandem abutere nostra.....

PARIS,

A. PIHAN DELAFOREST,

IMPRIMEUR DE LA COUR DE CASSATION,

rue des Noyers, n° 37.

1831.

Dans ce moment de fatigue et d'ennui où se trouve le public, excédé de voir les plus hautes questions aboutir à des solutions ridicules et le pénible travail de la politique se résoudre en pitoyables avortemens, c'est une bonne fortune pour lui qu'une brochure comme celle de M. de Châteaubriand, où l'originalité du point de vue rajeunit une polémique usée, où l'attention blasée trouve à chaque instant des tours pittoresques, des traits piquans et nouveaux qui l'excitent et la réveillent. Tel est probablement le genre de succès qu'en attend l'éloquent écrivain; car, bien qu'il paraisse s'occuper beaucoup d'Henri V, ce qu'il trouve probablement de bon goût dans sa situation, la restauration, qu'il semble rêver, ne peut être regardée que comme une fantaisie d'imagination. Il veut en effet que son candidat renonce à se prévaloir de sa légitimité.

« Si l'on ne voit dans Henri V que le chef d'une petite faction ; qu'une pagode sainte, dont les droits sont réputés antérieurs et supérieurs à ceux du peuple ; qu'un enfant revendiquant un sceptre par la seule raison qu'il est fils de son père, c'en est fait de lui. La légitimité est une religion dont la foi est morte ; cette religion serait encore la meilleure sanction des droits de la nation, en ce qu'elle communique à ces droits quelque chose d'historique et de traditionnel, de fort et de sacré, mais elle ne tire plus son pouvoir d'elle-même. »

On demandera peut-être quel sera le titre de Henri V, dépouillé des droits de la naissance : mais l'imagination de M. de Châteaubriand n'est pas embarrassée pour lui en trouver ; il ne s'agit que de se prêter à ses rêves.

Une pareille utopie n'a certainement rien dont puisse s'effaroucher le patriotisme le plus ombrageux : elle trouvera sans doute moins de défaveur en France qu'à Holyrood même, et la cour des Tuileries en rira.

(Journal du Commerce, 2 nov.)

« Le peuple *m'emporta vainqueur dans ses bras aux barricades*. (Est-ce lui qui était vainqueur? Pourquoi l'emportait-on aux barricades?)

« Cette foule de jeunes gens qu'animait leur triomphe, criait *vive la charte !* (Etait-ce le triomphe d'emporter l'écrivain, ou le triomphe de l'avoir emporté sur le roi?)

« Plusieurs fois je répondis : Oui, Messieurs, *vive la charte et vive le Roi !* (Tout bas apparemment.)

« Je ne fus point plongé dans la mer, comme le singe que le dauphin avait recueilli. (C'est qu'il n'y avait là ni mer, ni dauphin.)

« C'étaient de jeunes soldats s'efforçant d'embellir la victoire par la générosité. (Qüelle victoire!!! Comment l'embellir aux yeux du futur restaurateur de Henri V?)

« Ça s'est passé le 29. (Rue du Coq, ce semble.)

« Si tout le monde eût fait son devoir, il était encore temps. (Le devoir d'être emporté vainqueur! le devoir d'embellir la victoire!)

« Je me tais à présent : je ne me tairai pas toujours. (Il vaudrait mieux mourir.) »

Eh bien! quelqu'un qui s'est tu long-temps, ne se taira pas toujours, ne se taira pas à présent.

Le sang bout à voir traiter à la romantique une telle catastrophe.

Le sang se glace à entendre applaudir en écho une telle épopée.

Il ne reste donc ni ame ni sens ; il n'y a plus de royalistes ou de libéraux ; il n'y a aucun Français, aucun homme.

Voilà que le sourire vient à se promener sur les lèvres des vaincus ; aux paroles de celui qui a tant connivé à ce qui fit couler leurs larmes, de celui-là même qui naguère s'exprimait en ces termes :

« Quant à la restauration, et ses quinze années d'existence avec leurs fautes, leur stupidité, leurs tentatives despotiques, le mal vouloir de l'esprit qui les dominait... (1er écrit, p. 13.)

« Ce n'est pas que j'aie la prétention d'être un larmoyant prédicant de politique sentimentale, un rabâcheur de panache blanc et des lieux communs à la Henri IV. (p. 28.)

« Je ne m'apitoie point sur une catastrophe provoquée ; il y a eu parjure, et meurtre à l'appui du parjure : je l'ai proclamé le premier. (p. 29.)

« Pour cette charte octroyée, la France avait donné plus d'un milliard annuel, et le milliard des émigrés et les milliards des étrangers... N'en voulait-on plus de ce contrat ? il fallait rendre une vingtaine de milliards, et reprendre ses positions hors du pays : alors on aurait négocié de nouveau et l'on eût vu si la nation consentait à la légitimité sans la charte (pages 29 et 30.)

« Parce qu'on rencontrait une opposition constitutionnelle, et sous le prétexte de conspirations qui n'existaient pas, priver une nation de ses droits ! mettre la France en interdit !!!

« C'était une odieuse bêtise qui a reçu et mérité son châtiment. Si cette entreprise de l'imbécillité et de la folie eût réussi pendant quelques jours, le sang eût coulé. La faiblesse victorieuse est implacable.

« Moi qui parle, j'aurais été le premier sacrifié... je me serais cru le droit de tuer quiconque serait venu m'arrê-ter, une ordonnance ou une loi à la main (page 3o). »

Et voilà que la rougeur de colère vient à monter au front des vainqueurs, aux paroles de celui qui se récrie avec virulence contre les erremens de la diplomatie la plus sage et la plus juste, de celui qui a laissé percer son secret en ce peu de mots :

« Dans ce pays, de misérables jalousies ont-elles jamais accordé à un homme en place, le temps d'achever quel-que chose (premier écrit, page 18).

« Alexandre me faisait écrire qu'il signerait les yeux fermés, tous les traités que je lui présenterais... nous au-rions obtenu des limites qui n'auraient pas laissé Paris à six marches de la cavalerie ennemie.

« Si l'enfant à qui j'ai donné mon vote, eut passé au scrutin royal, si je fusse entré dans ses conseils, si les troubles du Nord eussent éclaté, j'aurais appelé la jeune France autour de Henri V, je lui aurais demandé d'effacer la honte de Louis XV (*Id.*). »

Eh! qu'on le fasse ministre, qu'on le laisse mi-nistre, qu'on le garde ministre; au triple titre d'homme d'état, d'homme d'épée, d'homme de plume, ainsi qu'il lui plaît d'être.

Mais, pour Dieu, qu'il ne lui soit pas loisible de pousser, de presser, de précipiter cette nation, qu'un instant fugitif voit s'échauffer et se glacer, dans une série interminable de guerres étrangères et civiles, à seule fin d'être et rester ministre.

Les deux écrits sont brillans au moins, piquans peut-être, frappans sans doute.

Passons d'emblée aux conclusions : tout le reste ne devant être qu'argumentation, à l'effet d'y aboutir.

Premier écrit, page 48 et dernière.

« Au mois d'août, je demandais pour le duc de Bordeaux, une couronne : je ne sollicite aujourd'hui pour lui que l'espérance d'un tombeau dans sa patrie ; est-ce trop ? »

Second écrit, page 155 et dernière.

« Heureux si cet écrit exerçait quelque influence sur la législature, si on laissait comme je le demande, les héritiers de Henri IV et de Napoléon libres de revoir leur patrie. »

C'est vraiment modeste, et vraiment libéral, et vraiment fantastique surtout.

Mais d'où vient que la race alliée au cours des siècles, est ainsi confondue avec une race issue de fraîche date ?

D'où vient qu'un Bourbon, un Capet si l'on veut, en est réduit à réclamer un piteux sépulcre, au lieu de s'installer au trône glorieux ?

C'est à l'auteur qu'il appartient de faire la réponse : lui qui doit se dire et peut nous dire :

Quorum pars, magna fui....

N'est-il donc pas le même qui a conçu et enfanté la septennalité, mesure unique, mesure certaine pour amener à chaque renouvellement, une révolution radicale , sans laisser ni moyen de prévenir, ni moyen de réparer.

Tout en professant dans cette occurrence dirimante, des maximes maintenant indues, et fort étonnées de se voir exhumées des abîmes de l'oubli.

« Y a-t-il même quelque moyen de gouverner avec ces élections interminables, avec cette fièvre qui vous reprend aussitôt qu'elle vous quitte... On passe incessamment de la tribune aux collèges, et des collèges à la tribune.... Il n'y a qu'une seule affaire, les élections.... Les ministres ne songent qu'à s'assurer d'une majorité.... Les autorités sont placées et déplacées : *et cela est juste......*

« Reste une pensée secrète que nous allons tirer du fond des cœurs ; car ce qu'il y a de mieux à faire, c'est de parler net. Nous n'aimons pas , dit-on, le ministère ; et nous ne voulons pas passer avec lui un bail de sept ans.»

Ainsi qu'on peut lire dans le fameux article des Débats du 22 novembre 1823 , où , suivant ce journal, le nom de l'auteur est écrit à chaque ligne.

Et avant ces temps, n'était-il pas le même , qui après s'être tant débattu dans sa feuille affidée contre la guerre d'Espagne , a cédé devant le torrent de l'opinion royaliste ; et, craignant d'être balayé par lui, a ouvert la campagne avant les préparatifs ?

Le même qui, non content d'avoir ainsi ex-posé à tant de dangers, et la vie du prince appelé à la couronne et l'existence même de la couronne restaurée, consentit ou conniva à la mise en œuvre de la conjuration dite de Bayonne, qui devait semer le trouble, la défiance et l'inquiétude entre les rangs divers de l'armée française.

Et depuis ces temps, ne serait-il pas le même, qui s'étant rendu le servile courtisan du premier ministre, qui s'étant prêté à l'absurde et atroce projet du remboursement, tout-à-coup viendra travailler à l'encontre, et, le voyant rejeté par les pairs, s'en ira fabriquer un ministère de remplacement : à raison de quoi il fut chassé comme un garçon de bureau, s'il faut l'en croire ?

Ne serait-il pas le même qui, à l'avènement d'un cabinet où siégeait en tête l'ami personnel du roi, que l'opinion publique y appelait avant la chute du long ministère ; et dont les intentions constitutionnelles étaient bien connues de lui, cédant cette fois aux intrigues libérales, après avoir cédé à la fougue royaliste, osera donner la démission de son ambassade, à l'effet, ce semble, de dire à son ci-devant maître :

« Si tu ne me prends pour ministre, ta couronne est perdue ; si mon génie ne te protège pas, tu n'as plus qu'à recourir aux armes. »

Comme aussi, pendant l'ambassade à Rome, il faut se rappeler cette lettre transmise à une amie de couvent, par la voie des journaux : à l'aspect de ces ruines imposantes, on s'étonne d'avoir pu mettre un tel prix aux faveurs *d'un petit roi des Gaules.*

Et après sa démission, il faut rechercher ce passage des Débats qui ne lui est pas étranger : c'est chose inouïe qu'une audience ait été refusée à un ancien ministre, à un ambassadeur, au grand écrivain, *par le chef de l'Etat.*

Poursuivons : ce fut alors qu'une alliance intime s'établit entre le remarquable pair et des députés marquans, avec lesquels il était dès long-temps en inimitié; avec lesquels il est maintenant en hostilité : alliance tramée en vue d'atteindre ensemble au ministère; alliance rompue envers ceux qui sont parvenus au but, par celui qui a bourdé en route.

Car en tout ce qui s'est fait et dit, à dater de 1814, une seule pensée, une idée fixe, s'il plaît d'user d'indulgence, a dominé, a déterminé;

Non pas la paix à tout prix, ni le bonheur du pays à tout prix, ni le maintien de l'ordre à tout prix : ce dont la valeur intrinsèque est réellement au-dessus d'aucuns frais.

Mais bien la prééminence à tout prix, la domination à tout prix, en faveur de la personne même : ce dont la valeur relative semblait au-dessus de maints périls.

Faut-il en fournir la preuve la plus signalée? faut-il mettre au jour des rapports encore secrets? faut-il se porter témoin et garant, après s'être rendu acteur.

Or donc, *avant que la chambre des pairs fut à l'état de croupion* : (p. 99.)

Quand au contraire, elle était en toute sa gloire, en toute sa splendeur, l'auteur du pamphlet y brillant alors et l'inondant d'un flot de lumières.

C'est-à-dire en novembre 1827, à cette déplorable époque, où un ministère si mal commencé, terminait plus mal encore; où le licenciement des citoyens, et la censure des feuilles et la fournée des pairs, mesures vraiment conséquentes dans leur extravagance, menaçaient déjà du 28 juillet 1830 :

Or, il y avait une chambre à élire : et il existait deux oppositions, l'une de droite, l'autre de gauche; et si celle-là n'agissait, celle-ci dominait seule; et à défaut d'un chef, la masse se remuait à tort et à travers; et un homme s'était mis à la tête, un seul homme était en état d'exercer l'influence.

Eh bien ! que cet homme vienne raconter lui-même, comment il a été sollicité, persécuté pendant deux mortelles séances, à l'effet de remplir son devoir, d'accomplir sa charge, et sans rien craindre comme sans rien espérer, de se montrer en scène, se porter sur la brèche, ralliant autour de son drapeau, tout ce qui s'intéressait au salut de la royauté, au repos de la société.

Vains efforts ! peines perdues ! inutiles tentatives !

« Advienne ce que devra, de la France ! il ne s'en mé—

lera plus; il n'interviendra pas : la patrie fut ingrate, ou tout au moins la dynastie : Coriolan les abandonne à leur sort. »

C'était de la politique expectante : entre se tenir apte et dispos à tout évènement, et se mettre en mouvement, se lancer en avant, il y a incompatibilité.

« La faute du congrès de Vienne est d'avoir mis un pays militaire comme la France, dans un état forcé d'hostilité avec les peuples riverains. »

La France n'est pas plus militaire que la Prusse et l'Autriche et la Russie : tout pays puissant est inquiet ou envieux, et se fait militaire.

L'État forcé d'hostilité n'existe qu'entre des contrées bastantes : et l'Autriche n'est plus riveraine, si la Prusse l'est devenue.

« L'Autriche a acquis un tiers de la Pologne et une partie de l'Italie. »

L'Autriche possédait ce prétendu tiers de la Pologne, avant le traité de Vienne.

Elle n'a acquis Venise qu'au prix de la Belgique.

« Elle n'a plus les Pays-Bas : mais cette province est devenue contre nous, une auxiliaire de l'Angleterre. »

Les Pays-Bas ne sont une province, en aucun langage reçu parmi les hommes.

Cette province supposée n'est point *devenue contre nous ;* car, on ne devient ni pour ni contre.

Elle n'est point une auxiliaire de l'Angleterre ; pour peu que la dernière campagne des Français soit vraie.

Elle ne le sera jamais, s'il faut croire qu'une

campagne aggressive la soumettrait, aussi vite qu'elle a été délivrée.

« La Prusse s'est agrandie du duché ou palatinat de Posen ; son poste avancé est sur notre ancien territoire. »

La Prusse possédait déja le duché de Posen, qui ne se change point en un palatinat, au moyen de la disjonctive *ou*.

Son poste, puisque poste il y a, est vraiment avancé, est trop avancé, pour qu'elle puisse le défendre, et par conséquent, pour qu'elle ose attaquer.

Il n'est point sur notre ancien territoire ; sauf que ce mot s'applique au laps de vingt années : ce qui, pour le dire en passant, rajeunirait fort *l'ancien des temps*.

« La Russie a recouvré la Finlande. »

La Russie n'avait point perdu et n'a point recouvré la Finlande.

« Un combat malheureux à nos armes amènerait l'ennemi sous les murs de Paris...... Notre indépendance est livrée à la chance d'une seule bataille, et à une guerre de huit jours. »

Il est trop vrai : un combat, deux combats malheureux, en ont décidé ainsi.

Mais, si une seule bataille, si une guerre de huit jours, peuvent mettre fin à notre indépendance, est-ce donc un motif rationnel pour provoquer la bataille, pour entreprendre la guerre.

« Telle est la France, ainsi que les alliés l'ont faite. »

Les alliés n'ont ainsi fait la France, qu'après

que tant d'ennemis ont été faits à la France.

« Dès le début de la monarchie élective, la Pologne et l'Italie se soulevaient, la Belgique se livrait à la France. »

La Pologne s'est soulevée quatre mois et l'Italie sept mois, après la révolution.

La Belgique ne s'est jamais livrée à la France : d'abord conquise, elle a subi; conquérante ensuite, elle s'organise.

Un peuple catholique répugne encore plus à l'intolérance athée ou déiste, qu'à l'intolérance hérétique.

« D'autres hommes auraient saisi une occasion unique de légitimer le nouveau pouvoir : ils auraient fait occuper la Belgique. »

Dévoilons à l'auteur même, l'enchaînement occulte de ses idées.

Le nouveau pouvoir est usurpateur : il se légitimait au dedans, en usurpant au dehors.

Ici ou là, il faut de l'usurpation : qu'on fasse choix du siège.

« Au premier moment, l'Europe terrifiée se fût trouvée trop heureuse de rester en paix, au prix de la Belgique. »

Terrifiée! c'est l'expression la plus forte; était-ce bien le cas d'en user?

Ni Pologne ni Italie ne bougeaient : et suivant le dire banal, la France n'avait que 120,000 hommes à mettre en ligne, contre un million et plus.

« En place et au lieu de ces choses, quel chaos d'ignorances, de sottises et de misères !

« Ces ignorances, ces sottises, ces misères étaient une conséquence forcée, etc. »

On ne peut mieux parler : seulement de qui faut-il l'entendre !

« Le ministère a rêvé une alliance contre nature, avec l'Angleterre. »

Où est Canning, pour démentir en face de son ci-devant ami, le mot *contre nature ?*

Que devient cette utopie d'alliance intime, éternelle, entre la reine des mers et la souveraine des terres ; qui fut conçue par les deux grands hommes ?

« Quelle niaiserie, de nous croire ses alliés, parce qu'elle a, comme nous, deux chambres. »

Ici l'auteur se faisant maître d'école, nous enseigne que ses vaisseaux ne nous mettront pas à l'abri d'une invasion ; et que les gardes anglaises, commandées par Wellington, ne défendront point Paris.

Puis il nous apprend qu'elle ne permettrait jamais d'étendre nos conquêtes jusqu'au Rhin, encore moins au-delà des Alpes et des Pyrénées, encore bien moins dans la mer Noire, et les eaux de l'Orient.

Et il termine ainsi : *Qu'avons-nous donc à espérer d'elle ?*

Vraiment si la langue française ne répugnait tant à ce qu'on lui fasse l'aumône, ce serait le lieu de créer le mot d'archi, d'ultra-niaiserie.

« S'imaginer que le peuple anglais va devenir le Don

Quichotte des libertés du monde, c'est étrangement le méconnaître. »

De plus fort en plus fort ! ! !

Qui donc s'imagine celà ?

Ni les radicaux qui veulent faire eux-mêmes leur affaire; ni les libéraux qui ne veulent pas que la chose se fasse.

Ni surtout les royalistes, qui, certes, ne visent pas à bouleverser de fond en comble, la société humaine, dans l'espoir de lui faire invoquer la légitimité.

« Ce peuple a toujours fait bon marché du salut des rois, des nations, il proclamait l'indépendance de l'Amérique, en même temps qu'il refusait de reconnaître celle de la Grèce. »

L'écrivain a peu de mémoire, s'il brouille ainsi les faits : l'écrivain aurait peu de sens, s'il n'admettait pas le fait.

La Grèce n'a pas été reconnue aussitôt que l'Amérique, par quatre raisons, une de plus que M. Pincé.

1° Parce que son indépendance était encore équivoque.

2° Parce que sa reconnaissance menaçait d'entraîner une guerre continentale.

3° Parce que l'intérêt général de la civilisation parlait moins haut.

4° Parce que le laps de temps était bien inférieur.

« L'Angleterre a-t-elle sympathisé avec la Pologne?....

Elle qui a versé des flots de sang, pour retenir dans ses chaînes, les colonies d'Amérique. »

Ses chaînes ! c'est un peu hyperbolique; car les États-Unis avaient des chambres, avaient à peine des taxes.

Des flots de sang ! au moins la moitié doit être mise au compte des Américains.

Ici, étaient les pères; là, étaient les enfans. Et les uns n'émancipaient pas; et les autres s'émancipaient eux-mêmes.

En tout, il n'y a que des questions de temps : comme dit *la Quotidienne :* 2 juillet 1831.

« Pourquoi ces conférences de Londres plus fâcheuses à la monarchie élective, que tous les congrès à la monarchie légitime. »

Que les conférences soient anathême ! rien de plus simple, puisque l'auteur n'y faisait pas l'homme d'Etat.

Mais quant aux derniers congrès, sacrés ils sont, par la raison contraire.

Est-ce donc que le fleuve du Léthé a pris son cours par la bourbe, et s'abîme maintenant au trou d'enfer.

« Qu'avait-on besoin de ces interminables protocoles d'une diplomatie reléguée dans les *olim.* »

La diplomatie des *olim !* encore cela vaut mieux que la diplomatie des *numquam.*

Mais quelle est cette rhétorique des *olim,* qui nous fait de Léopold ou du *préfet-roi,* un Attale, un Agamemnon, un Artevelle?

2

« Il est clair que le cabinet de Saint-James désirait secrètement le succès du roi de Hollande. »

Secrètement peut-être, mais au plus secrètement; si bien que les actes démentaient les désirs.

« Entendez cela, petite France : gardez les ministres
que l'on vous impose comme des bonnes, ou le fouet. »

On voit que l'auteur n'est point corrigé d'expulser des ministres; et ne se corrigera pas, avant
qu'il y ait à l'expulser lui-même.

« On a fourni une de ces raisons, dont les hommes d'esprit se moquent après l'avoir avancée. »

Est-ce que l'auteur fait sa propre histoire?

« On a dit sans rire, que la Belgique devait être un pays
neutre. »

Eh ! on a fait sans rire, que la Suisse devait être
un pays neutre.

Pourquoi le génie se met-il en eau, à gravir les
montagnes, à remonter les fleuves?

Il aurait pu lire en un certain écrit, que la Belgique était née neutre, et peut-être républi-
caine (1).

Il aurait pu lire sur la carte, qu'elle n'est fron-
tière de l'Allemagne que sur un point, et qu'elle
n'est le passage que de la Hollande.

---

(1) La république belge est physiquement et politique-
ment neutre.

Posée dans un coin du monde, couverte par des fleuves,
ménagée par la France, défendue par tous, contre chacun :
voilà le matériel.

Agricole aux trois quarts, catholique aux neuf dixièmes;

Il aurait pu lire dans l'histoire, que les peuples n'y ont point vidé leurs querelles, et seulement que les princes s'en disputaient la conquête.

Neutre, elle entretient la paix de l'Europe; ou du moins, elle rétrécit le champ des combats.

« La citadelle d'Anvers est remise aux Belges; lisez : aux Anglais ! »

Les égards enchaînent la plume.

Anvers livrée aux Anglais; lisez: pour le commerce. Comme aussi et de même, aux Français, aux Américains, aux Hollandais et *tutti quanti*.

« Les Belges ne pourront rien exporter en Allemagne. La France repousse aussi leurs exportations, qui n'auront plus d'issue que sous le monopole anglais. »

Finalement, la Belgique est *tabou*, comme il se dit à O-Taïti.

Rien à vendre en Allemagne, en France, etc. : peut-être même rien à acheter. Partant, quitte.

Voilà mieux que du neutre; voilà du nul. Ainsi se joue l'imagination.

« Et cela s'appelle la grande paix, procurée aux Belges qui voulaient se donner à nous, au monde qui tremblait devant nous. »

Il y a de l'ironie ici; autant qu'on peut deviner.

---

et dans le même rapport, simple de mœurs, froide de caractère, constante d'habitudes : voilà pour le moral.

C'est la Suisse, plus riche, plus forte.

Et les provinces n'ont pas été découpées, déchiquetées : et le système municipal a survécu ou est ressuscité.

Tout est là. (*La Belgique, suite,* jer 1831.)

Mais, où est-elle ? En ce que le monde tremblait devant nous ; en ce que les Belges se donnaient à nous.

N'est-elle pas double plutôt ?

« Les affaires de la Pologne ne se pouvaient arranger, qu'en acceptant la Belgique. »

Quod est demonstrandum.

« On venait conter qu'il fallait passer sur le ventre de la Prusse pour arriver à Varsovie ; comme si une victoire sur le Rhin, n'a pas vingt fois décidé du sort de l'Italie. »

En fait d'argumens stratégiques, il y a cette mince omission, que les provinces du Rhin n'appartiennent point à la Russie, n'entrent point en compensation avec la Pologne.

« La cour de Russie doit avoir à cœur de réparer les torts de Catherine, d'effacer une page honteuse de son histoire. »

En fait de mouvement sentimental, il y a cette rare illusion, que les cours ont un cœur et qu'elles sentent leurs torts.

« Les marquis de la monarchie absolue ont perdu la Pologne, chapeau sous le bras ; et les chevaliers de la monarchie élective, chapeau bas : il y a progrès. »

Trop vrai pour ceux-là ; tout-à-fait faux pour ceux-ci.

« Tous les peuples ont profité de notre révolution : la France elle-même est devenue libre. »

Si la comparaison est décente, le chevalier de la monarchie légitime, chapeau sous le bras ou chapeau bas, travaille à l'encontre de ses fins.

Quel moyen de faire entendre à la France *de-venue libre*, qu'elle l'était tout autant avant la révolution, qu'elle le sera aussi et plus, après la restauration.

« Nous déclarons aux Italiens que pas un Autrichien n'entrera sur leur territoire ; et aussitôt les Autrichiens occupent tout le pays. »

Certes, ceci ne s'adresse qu'à la plume, et point à la main, et moins encore à la tête. A bon entendeur salut.

Mentiris impudentissime.

Qu'est-ce que ce *nous*, qui *déclarons?* Pas les Français en masse ; pas les députés en somme ; pas les ministres en bloc.

Le *nous*, qui *déclarons*, est tout autre que le vrai *nous* ; est étranger, peut-être hostile au vrai *nous*.

Et pourtant ce *nous*, par une figure peu usitée en logique, s'il se rapporte à quelques-uns, se rapporte aux ministres : lesquels n'en peuvent *mais*.

En conscience, en honneur, cela n'est pas bien.

« Quand nous étions aux pieds de toutes les puissances, et quand tous les peuples nous appelaient à leur tête, nous avons trouvé le secret d'être suspects à ces puissances, et de trahir la confiance de ces peuples. »

Suspects aux puissances ! nous n'étions donc pas sous leurs pieds.

Trahissant les peuples ! Non, puisque nous ne nous sommes pas mis à leur tête.

A la suite, survient un passage du genre oratoire, et quant à l'éloge des Italiens, et quant aux suppliques au pape.

Fiat lux : Il n'y a autre chose à répondre.

« Bonnes gens et politiques chevalereux, disaient-ils, vous auriez voulu avoir un peu d'honneur, le pain quotidien du pays. Mais, de l'honneur, c'est la guerre; la guerre, c'est la banqueroute, la confiscation, etc. »

Le *bonnes gens* est de la première manière : on le retrouverait dans les invitations consignées aux *Débats* en 1823, d'expédier par la prochaine voiture, des mandataires tout ministériels.

Du reste, est-ce faux, est-ce vrai? toute la question est là.

« D'autres personnages, qui sont les prélats de la quasi-légitimité, nous considéraient comme des chiens enragés prets à nous jeter sur l'Europe, si de vigoureux valets ne nous tenaient à la chaîne. »

Des chiens enragés, de vigoureux valets ! voilà des images au moins énergiques, peut-être énergumènes.

Or, cela s'est-il vu; cela se verrait-il? c'est le point à résoudre.

« *Soyez sages*, a-t-on osé nous dire, et vous ne serez envahis. »

Tu quoque ! ! ! !

Comment, l'ami naguère intime, est mis en scène, est livré à la risée, est légué à la haine.

Vieilles habitudes. Ainsi le doux, le cher ami Canning, se vit traduit, non sans un cortège d'injures, au tribunal de l'opinion publique française ou parisienne.

« Vous aurez la paix à présent, je le crois ; on ne peut pas donner de l'épée dans le ventre à celui qui tourne le dos. »

Sans doute : il est plus commode de le rouer de coups de bâton.

« J'ai remis le passé sous les yeux du lecteur ; j'ai inventorié de sales guenilles. »

L'écrivain a oublié sa langue de nourrice.

Dans l'Armorique, nous disons des *guercheaux* et non pas des guenilles.

En style grivois, c'est plus sublime.

« C'était afin de prouver que la monarchie actuelle s'est blessée à mort, en abaissant la nation au-dessous de sa dignité européenne. »

Disons mieux, en disant tout autrement.

Au lieu de se blesser à mort, cette monarchie serait morte de ses blessures, en exhaussant la nation au-dessus de sa capacité européenne.

A ne pas agir comme on doit, s'il y a péché, il n'y a pas péril : au lieu qu'à tenter ce qu'on ne peut pas, sans qu'il y ait crime, il y a ruine.

« On n'a pas su employer l'énergie des générations nouvelles... Il semble qu'on ait voulu précipiter la jeunesse de juillet, dans l'hébêtement du ministérialisme. »

L'énergie de la convention ! l'hébêtement du directoire ! celle-là qui traînait Louis XVI à l'échafaud ; celui-ci qui rappelait Louis XVIII sur le trône.

De quoi donc se plaint-on ?

« Mais, ce passé d'hier qui fatigue et importune au-jourd'hui, reparaîtra terrible, à l'heure inévitable des re-proches et des réactions. »

Est-ce désir ? Est-ce crainte ?

En tout cas, gare au passé d'hier ! gare au passé de juillet !

Ayant déja brisé des couronnes, il n'aurait plus qu'à niveler les fortunes, qu'à retrancher les têtes, qu'à faire table rase.

Hélas ! on ne demandait pour le duc de Bor-deaux, qu'un tombeau dans sa patrie. (Premier écrit.)

On ne demandait pour l'héritier de Henri IV que la liberté de revoir sa patrie. (Second écrit.)

C'était trop peu.

Au retour du passé de juillet, après une cam-pagne de réactions, la patrie même ne serait qu'un vaste *tombeau*, s'entrouvrant sous les *libres* pas du jeune prince.

————————

13 Novembre.

Pour lire et juger, écrire et dicter, composer et corriger, tirer et piquer, pas même trois jours.

Contre l'art, la verve, la faconde ; contre la vogue, le crédit, le renom, rien que du bon sens.

C'est Goliath et David : l'un armé de toutes pièces, l'autre d'une simple fronde.

DE L'IMPRIMERIE D'A. PIHAN DELAFOREST,
rue des Noyers, n° 37.